명상의 바다에서 건져 올린 삶의 지혜 3

| HAPPY | 福 복

명상의 바다에서 건져 올린 삶의 지혜 3
복(福, HAPPY)

글 그림 · 이규경 / 펴낸이 · 김인현 / 펴낸곳 · 도서출판 종이거울
2003년 12월 25일 1판 1쇄 발행 / 2008년 12월 15일 1판 2쇄 발행
편집진행 · 이상옥 / 디자인 · 김명희
인쇄 · 금강인쇄(주)
등록 · 2002년 9월 23일(제19-61호) 주소 · 경기도 안성시 죽산면 용설리 1178-1
전화 · 031-676-8700 / 팩시밀리 · 031-676-8704 / E-mail · cigw0923@hanmail.net

ⓒ 2003, 이규경

ISBN 89-90562-08-2 04810
　　　89-90562-05-8 (세트)

· 책값은 뒤표지에 적혀 있습니다.
· 잘못된 책은 바꿔드립니다.
· 이 책 내용의 전부 또는 일부를 다른 곳에 사용하려면
　반드시 저작권자와 종이거울 양측의 서면 동의를 받아야 합니다.

명상의 바다에서 건져 올린 삶의 지혜 3

| HAPPY | 福 | 복

글 · 그림 이규경

종이거울

책머리에

밤 비가 내리더니 아침엔 활짝 개었습니다.
창문을 여니 환한 햇살과 싱그러운 공기가 방안 가득 밀려 들어옵니다.
새들이 나뭇가지를 옮겨 다니며 노래합니다.
구름 몇 점이 푸른 하늘에 한가롭게 떠 있습니다.
살아 있다는 것이 즐겁습니다. 마음 편합니다.
어떤 이는 인생이 길다고 말하고 어떤 이는 인생이 짧다고 말합니다.
어떤 이는 삶이 즐겁다고 말하고 어떤 이는 삶이 괴롭다고 말합니다.
그런 것들이 다 마음 속에 있는 것이 아닌가 하는 생각이 듭니다.
거울의 뒷면만 보는 사람에겐 거울이 늘 어둡고
거울의 앞면만 보는 사람에겐 거울이 늘 밝겠지요.
이 세상 사람들의 삶의 모습과 같다는 생각이 듭니다.
잘 살펴보니 큰 연못에만 하늘이 비치는 것이 아니고 작은 웅덩이에도 하늘이 비치는군요.
이 책은 '배고프면 밥 먹는다'를 대폭 보완하여 세상에 다시 내놓게 되었습니다.
'종이거울' 편집진들의 노고에 깊은 감사의 마음을 전합니다.
비록 짤막짤막한 글이지만 편안한 마음으로 천천히 읽어 주셨으면 합니다.
제 마음을 몽땅 열어 보이는 것 같아 부끄럽지만
이 책이 독자 여러분들의 삶에 조금이라도 보탬이 되었으면 하는 간절한 마음뿐입니다.

2003년 11월
然耘 이규경

차례

행복 ; HAPPY ; 福

행복 1 — 그냥 두면 · 10
행복 2 — 더 큰 행복 · 12
행복 3 — 행복이 찾아올 때 · 15
행복 4 — 세월 · 16
행복 5 — 행복과 불행 · 19
행복 6 — 마음 비운 아침 · 20
행복 7 — 수건과 걸레 · 22
행복 8 — 행복과 고통 · 24
행복 9 — 당나귀와 두더쥐 · 27
행복 10 — 이유 · 28
행복 11 — 건망증 · 30
행복 12 — 새봄엔 · 32
행복 13 — 미소와 친절 · 34
행복 14 — 달래자 · 36
행복 15 — 돈과 친절 · 39
행복 16 — 바보 고양이 · 41
행복 17 — 숟가락과 밥주걱 · 42
행복 18 — 이른 봄 · 45
행복 19 — 장수 비결 · 46
행복 20 — 줄 · 49
행복 21 — 다행과 불행 · 51
행복 22 — 부자와 가난뱅이 · 52
행복 23 — 땀과 소금 · 54
행복 24 — 예절 · 56
행복 25 — 시간은 논밭 · 58
행복 26 — 재물과 집 · 60
행복 27 — 선풍기와 털옷 · 62
행복 28 — 물건과 신용 · 65
행복 29 — 투자 · 67
행복 30 — 매력 · 68
행복 31 — 용기와 행복 · 70
행복 32 — 남는 것 · 72
행복 33 — 밝은 거울 · 74
행복 34 — 먼지털이와 다리미 · 76
행복 35 — 절반의 힘 · 79
행복 36 — 가뭄과 장마 · 80
행복 37 — 찾습니다 · 82
행복 38 — 새 집과 행복 · 84
행복 39 — 바람 · 86
행복 40 — 행복과 쾌락 · 88

사랑 ; LOVE ; 愛

사랑 1 — 사랑과 정성 · 92
사랑 2 — 부부 · 94
사랑 3 — 편 · 96
사랑 4 — 국물과 사랑 · 100
사랑 5 — 사랑과 사랑니 · 103
사랑 6 — 고삐 · 104
사랑 7 — 아름다움과 고통 · 106
사랑 8 — 결혼보다 급한 것 · 109
사랑 9 — 나무의 꿈 · 110
사랑 10 — 미운 마음 · 114
사랑 11 — 착한 일 · 116
사랑 12 — 연습 · 118
사랑 13 — 동반자 · 120
사랑 14 — 가정 · 122
사랑 15 — 궁합 · 125
사랑 16 — 사랑과 미움 · 126

사랑 17 — 도둑과 손님 · 129
사랑 18 — 겉치레 · 130
사랑 19 — 미운사람 고운사람 · 132
사랑 20 — 가족 · 134
사랑 21 — 부모 · 137
사랑 22 — 동그라미 이야기 · 138
사랑 23 — 어미새와 아기새 · 143
사랑 24 — 양초 · 144
사랑 25 — 사랑 · 146
사랑 26 — 남과 여 · 148
사랑 27 — 남자는 여자보다 · 150
사랑 28 — 똑똑한 현명 · 153
사랑 29 — 부탁 · 154
사랑 30 — 당부 · 157
사랑 31 — 짝사랑 · 158
사랑 32 — 사랑과 향기 · 160

경훈 ; LESSON ; 警訓

경훈 1 — 살피지 말자 · 164
경훈 2 — 바보 같은 짓 · 166
경훈 3 — 그러면 어떨까 · 169
경훈 4 — 한 장의 종이 · 170
경훈 5 — 바람과 시련 · 173
경훈 6 — 고독 · 174
경훈 7 — 별과 보석 · 176
경훈 8 — 우연과 노력 · 178
경훈 9 — 제자리 · 181
경훈 10 — 쓸모 없네 · 182
경훈 11 — 착각 · 184
경훈 12 — 강한 것 · 187

경훈 13 — 결점 · 188
경훈 14 — 길과 인생 · 191
경훈 15 — 친구 · 192
경훈 16 — 신발과 친구 · 194
경훈 17 — 돈 · 197
경훈 18 — 빵 한 조각 · 199
경훈 19 — 밥 같은 친구 · 200
경훈 20 — 현실과 행동 · 202
경훈 21 — 가난과 집 · 204
경훈 22 — 씨 · 206
경훈 23 — 알고 만나니 · 209
경훈 24 — 길과 생각 · 210
경훈 25 — 시계와 시간 · 212
경훈 26 — 재물 · 214
경훈 27 — 낭비 · 217
경훈 28 — 큰 잘못 · 218
경훈 29 — 허수아비 · 220
경훈 30 — 시간 도둑 · 223
경훈 31 — 바로 나 · 225
경훈 32 — 술 · 226
경훈 33 — 도둑 집에 사는 개 · 228
경훈 34 — 더 길다 · 230
경훈 35 — 시작의 때 · 232
경훈 36 — 소용없다 · 234
경훈 37 — 기적 · 236
경훈 38 — 돈 · 238
경훈 39 — 청소 · 240
경훈 40 — 용기 · 242

1월에는 1월의 일이 있고, 3월에는 3월의 일이 있다.
5월에는 5월의 일이 있고 7월에는 7월의 일이 있다.
날이 다르면 그날의 일조량이나 일출, 일몰 시각도 달라진다.
그래서 우리 조상들은 일 년을 24절기로 나누어 농사에 이용했고,
약 15일인 절기도 5일씩 나눈 후(侯)로 구분하여 사용했다.
그만큼 하루 하루가 다르다는 것을 생활로 받아들였던 것이다.
국화는 그 중에 구월을 택해 꽃을 피우고, 차꽃은 11월에, 동백은 1월에 꽃을 피운다.
다 제 시절이 있는 것이다.

이처럼 모든 존재는 주변 환경을 가지고 있다. 그 어떤 것도 환경을 떠나
홀로 존재하지 못한다. 물론 인간도 그렇다. 그러나 환경을 형성하는 데는
인간과 자연이 조금 다르다. 자연은 법칙에 의해 환경이 고정적으로 형성되지만
인간은 자신의 의지로 환경을 선택하거나 개선할 때도 있다.
그런 까닭에 인간의 삶에는 책임이 따른다.

그런데도 오히려 인간은 자신의 환경에 대해 불만을 토로하고 시비와 대립을 일으켜서
마침내 심각한 번민과 자기모순에 빠져든다.
결과적으로 인간 자신의 숭고한 의지적인 선택이 모든 환경에 역행하는 일이 되고 만다.
환경 파괴가 일어나고, 인간 자신의 존엄성은 파괴되어
마침내 회복하기 어려운 국면으로 접어든다.
이제 우리 인간은 모든 자연환경을 존중해야 하며, 모든 생태환경에서 배워야 하고,
또 우주적인 질서로 돌아가야 하며, 나아가 인간환경을 삶의 기준으로 삼아야 한다.
오직 그 길만이 살 길이다. 저 국화꽃의 생태환경은 구월 철임을 배워야 한다.

(편집자 松)

HAPPY

행복

福

구월 철

행복 1

그냥 두면

그냥 두면 넝마지만
빨아 쓰면 걸레가 되고

그냥 두면 깨진 거울이지만
잘라 쓰면 손거울이 된다.

그냥 두면 돌멩이지만
다듬으면 수석이 되고

그냥 스치면 남남이지만
정 나누면 친구가 된다.

마음이 가난한 자는 복이 있나니, 천국이 저희 것이요
애통하는 자는 복이 있나니, 저희가 위로를 받을 것이요
온유한 자는 복이 있나니, 저희가 땅을 기업으로 받을 것이요
의에 주리고 목마른 자는 복이 있나니, 저희가 배부를 것이요
긍휼히 여기는 자는 복이 있나니, 저희가 긍휼히 여김을 받을 것이요
마음이 청결한 자는 복이 있나니, 저희가 하나님을 볼 것이요
화평케 하는 자는 복이 있나니, 저희가 하나님의 아들이라 일컬음 받을 것이요
올바름을 위하여 핍박을 받는 자는 복이 있나니, 천국이 저희 것이니라.

— 마태복음

행복 2

더 큰 행복

밥 먹는 것은 행복이지만
맛있게 먹는 것은
더 큰 행복이고

맛있게 먹는 것은 행복이지만
감사하게 생각하며 먹는 것은
더 큰 행복이다.

많이 가진 사람은 많이 잃는다. 높은 곳을 걷는 사람은 빨리 넘어진다.
미리 복덕을 지어라.
-채근담

잠자는 것은 행복이지만
이부자리 속에서 자는 것은
더 큰 행복이고

이부자리 속에서 자는 것은
행복이지만 걱정 없이 자는 것은
더 큰 행복이다.

부처님은 영원한 공덕신이고 우리는 그 상속자다.
우리는 마음대로 위대한 꿈을 그림으로써 우주를 만들고 삼키는 위대한 마음의 주인이 다시 된다.
위대한 꿈을 꾸자. 꿈의 날개를 마음껏 펼치자.
꿈의 날개는 능히 육체의 한계를 넘고 우주의 끝 저 너머까지 이르며
우리를 보다 높은 세계로 이끌어 간다.
기특한지고, 꿈의 날개여!
젊은이는 더욱 향상하고 늙은이는 다시 젊어지며 무수한 한계의 벽을 시원스러이 넘어간다.
꿈은 상상력을 낳고 상상력은 푸른 희망을 키우며 희망은 다시 꿈을 낳는다. 꿈은 빛이다.
거기서 창조의 무한 능력이 나오는 것이다.
주저하지 말고 꿈의 날개를 펼치자.
위대하고 행복한 자기를 마음껏 상상하자. 겸손할 것 없다. 자기 한정을 말라. 뒷걸음치지 말라.
끝없는 부처님의 공덕을 믿고 보다 높게, 보다 활기차게 아름다운 꿈을 펼치자.
이것이 영원한 권능을 사는 불자의 자세다.
　-金河錄

행복 3

행복이 찾아올 때

욕심을 버릴 때
행복이 찾아온다.

작은 일에 만족할 때
행복이 찾아온다.

남을 기쁘게 할 때
행복이 찾아온다.

희망을 가질 때
행복이 찾아온다.
(말없이 찾아온다.)

행복
4

세월

부지런한 사람의 세월은
그 사람의 가난을 빼앗아 가고

게으른 사람의 세월은
그 사람의 희망을 빼앗아 간다.

욕심 많은 사람의 세월은
그 사람에게 번뇌를 가져다 주고

베푸는 사람의 세월은
그 사람에게 복을 가져다 준다.

잘 살펴보면
행복 속에 불행이
있다.

마음을 다스리는 것은 진정 훌륭한 것,
잘 다스린 마음이 행복을 가져온다.
- 법구경

행복 5

행복과 불행

행복의 빛에 가려
잘 보이지 않을 뿐이다.

잘 살펴보면
불행 속에 행복이
있다.

불행의 어둠에 가려
잘 보이지 않을 뿐이다.

행복 6

마음 비운 아침

햇살이 내 얼굴을 어루만지고. 　바람이 내 머리칼을 쓰다듬네.

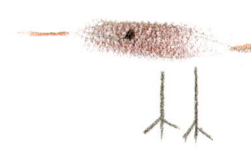 

새들이 영롱한 목소리로 노래하고 나무는 신나게 푸르름을 이야기하네.

마음 비운 아침 내 마음 속엔 행복이 넘치네.

행복 7

수건과 걸레

가장 값진 수건은
땀에 젖은 수건이고

옛말에 '지극한 즐거움과 지극한 명예는 없는 것'이라 했다.
　　　　　　　　　　　　　　　　　　　　　　　－장자

가장 귀한 수건은
눈물에 젖은 수건이다.

가장 좋은 걸레는
남의 허물을 닦는 걸레고

가장 아름다운 걸레는
자신의 욕심을 닦는 걸레다.

행복 8

행복과 고통

가까이 있으면
별것 아닌 것이
멀리 떨어져 있으면
크게 보이는 것.

그것이 바로
행복이다.

멀리 있으면
별것 아닌 것이
가까이 있으면
크게 나타나는 것.

그것이 바로
고통이다.

어떤 율법사가 일어나 예수를 시험하여 가로대,
선생님, 내가 무엇을 하여야 영생을 얻으리이까.
예수께서 이르시대, 율법에 무엇이라 기록되었으며 네가 어떻게 읽느냐.
대답하여 가로대, 네 마음을 다하여 목숨을 다하며 힘을 다하며 뜻을 다하며
주 너의 하나님을 사랑하고, 또한 네 이웃을 몸과 같이 사랑하라 하였나이다.
예수께서 이르시대, 네 대답이 옳도다. 이를 행하라. 그러면 살리라.
　-누가복음

행복 9

당나귀와 두더쥐

당나귀는 귀가 커서
좋은 소리만 듣는 것이 아니다.
나쁜 소리도 듣는다.

두더지는 눈이 작아서
좋은 것만을 보지 못하는 것이 아니다.
나쁜 것도 보지 못한다.

그렇다.
가진 것 많으니
잃을 걱정 또한 많고

가진 것 없으니
잃을 걱정 없어 좋다.

행복 10

이유

잘 나오던 수돗물이 갑자기
안 나온다. 왜 안 나올까?
이유를 모르니 답답하다.

잘 들어오던 전깃불이 갑자기
안 들어온다. 왜 안 들어올까?
이유를 모르니 답답하다.

하나를 가지면 행복할 줄
알았는데 둘을 가져도
행복하지 않으니 왜 그럴까?
이유를 모르니 답답하다

이유를 알면 고칠 텐데
이유를 알면 답답하지 않을 텐데
이유를 모르니 참 답답하다.

행복
11

건망증

안경을 자기 얼굴에 끼고
안경을 찾는 사람들이 있다.

모자를 자기 머리에 쓰고
모자를 찾는 사람들도 있다.

건망증 심한 사람들이라고
웃지만 말고 내 자신을 한번
돌아보자.

행복이 내 속에 있는데
다른 곳에서 찾고 있지는 않는지.
희망이 내 속에 있는데
다른 곳에서 찾고 있지는 않는지.

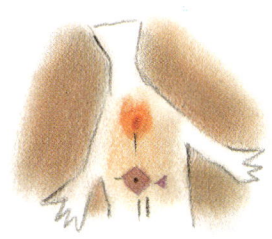

행복
12

새봄엔

새봄엔 노란 스웨터가 어울리고
분홍빛 스카프가 어울린다.

새봄엔 밝은 웃음이 어울리고
싱그러운 대화가 어울린다.

싹이 돋고 꽃이 피는 새봄엔

사랑이 어울린다.
희망이 어울린다.

행복
13

미소와 친절

남의 집에 갈 땐

아름다운 꽃다발보다
예쁜 미소가 더 낫다.

만족함을 아는 것이 곧 만족이며, 그것이 바로 영원한 만족이다.
- 노자

손님이 자기 집에 왔을 땐

푹신한 방석보다
따뜻한 친절이 더 낫다.

행복
14

달래자

여자들이 삐치면
선물로 달래고

남자들이 삐치면
술로 달래자.

아이들이 삐치면
과자로 달래고

노인들이 삐치면
정으로 달래자.

좋은 물건을 사려면
호주머니에 항상
돈을 넣고 다녀야 한다.

좋은 물건이 나타나면
남보다 먼저 살 수
있기 때문이다.

행복
15

돈과 친절

남의 호감을 사려면
친절을 항상 몸에 지니고
다녀야 한다.

그래야만
남보다 먼저
상대의 호감을 살 수
있기 때문이다.

일을 도모하면서 쉽게 성취되기를 바라지 말라.
일이 쉽게 성취되면 뜻이 경솔하고 태만하게 되기 때문이다.
일의 성취란 단순히 그의 능력에만 있는 것이 아니다.
그러므로 성인은 사람을 교화하매 어려움으로써 토대를 삼느니라.
- 보왕삼매론

행복 16

바보 고양이

평생 쥐 한 마리
잡아보지 못한
바보 고양이가 있었다.

다른 고양이들이 비웃자
그가 말했다.

"난 그저 운이 없을
뿐이야."

"운이 없어 바보 쥐를
못 만나고 있을 뿐이야."

행복 17

숟가락과 밥주걱

작은 숟가락이 큰 밥주걱을
보고 말했다.

"나도 너처럼 큰 밥주걱이
되어 봤으면…."

그러자 큰 밥주걱이 말했다.

"난 네가 부러워.
넌 한 사람만 먹여 살리지만
난 여러 사람을 먹여 살리느라
무척 힘 든단다."

간절히 바라노니, 그대는 모름지기 열렬한 결단심과 활짝 열린 마음으로 속된 인연을
다 여의고 뒤바뀐 소견을 버리어, 참으로 나고 죽는 큰 일을 해결하기 위해
조사의 화두를 잘 참구해서 크게 깨치는 것으로써 법칙을 삼되,
부디 스스로 가벼이 여겨 물러서지 말지어다.

-야운 비구

예수께서 가라사대,
네 마음을 다하고 목숨으로 다하고 뜻을 다하여
주 너의 하나님을 사랑하라 하셨으니,
이것이 크고 첫째 되는 계명이라.
둘째도 그와 같으니, 네 이웃을 네 몸과 같이 사랑하라 하셨도다.
이 두 계명이 율법과 선지자의 강령이니라.
　　　　　　　　　　　　　　　　－마태복음

행복 18

이른 봄

내 발 밑에 무엇이 솟아오르네.
살펴보니 파란 새싹이네.
내 머리 위에서 무엇이 쏟아지고 있네.
살펴보니 노란 햇빛이네.
이른 봄엔 생각지도 않는 일이 많이
생기네.
그래, 이른 봄엔 생각지도 않았던
희망이 샘 솟듯 솟아오르네.

행복 19

장수비결

매일 술을 마시면서도
오래 사는 노인이 있었다.

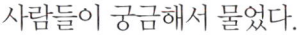

사람들이 궁금해서 물었다.

"노인께서는 매일 술을 마시면서도
어떻게 오래 살 수 있었습니까?"

그러자 노인이 말했다.
"다른 비결은 없어요.
그냥 이 좋은 술을 오랫동안
마셔야겠다고 생각하여
아껴 마셨을 뿐이지요."

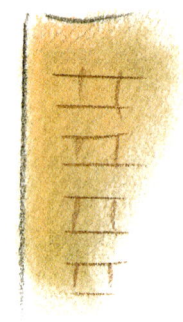

잘나가는 파리들만 모여 사는
높은 동네에

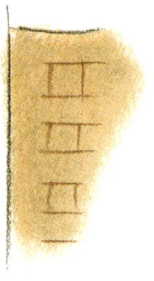

어느 날
밑바닥에서 놀던 파리
한 마리가 냉큼 날아들었다.

행복 20

줄

잘나가는 파리들이 물었다.
"아니, 당신은 저 밑바닥
파린데 어떻게 여기까지
날아왔소?"

그러자 밑바닥 파리가 말했다.
"예, 줄을 잡았지요.
소꼬리를 꽉 잡고 있다가
소가 휙 꼬리치는 덕에
이곳까지 올라오게 됐죠."

어리석은 자가 지혜로운 이를 가까이 하는 것은 마치 국자가 국 맛을 모르듯이 아무리 오래도록 가까이 하여도 그 진리를 알지 못하네.
- 법구경

행복 21

다행과 불행

다행이란?
목마른 이가 사막에서
우물을 발견하는 것.

불행이란?
너무 좋아 덤벙대다
그 우물에 빠져 죽는 것.

행복 22

부자와 가난뱅이

진정한 부자는
하나를 갖고 있으면서
열을 갖고 있다고 생각하는 사람.

진정한 가난뱅이는
열을 갖고 있으면서도
하나를 갖고 있다고 생각하는 사람.

진정한 부자는 가진 것이
없으면서도 남한테
줄 것이 있다고 생각하는 사람.

진정한 가난뱅이는 많이
가지고도 남한테 줄 것이
없다고 생각하는 사람.

행복 23

땀과 소금

땀은 짜다.
땀은 소금이다.

소금에 절인
고등어를 오래 두어도
상하지 않듯

소금에 절인
조기를 오래 두어도
상하지 않듯.

땀에 절은 재물은
오래 가도 없어지지
않는다.

행복
24

예절

예절은
손수건과 같다.

집에 두고 다니지 말고
늘 가지고 다녀야 한다.

예절은
향수와 같다.

멀리 떨어져 있는
사람을 위한 것이 아니고
가까이 있는 사람을 위한
것이니까.

행복
25

시간은 논밭

자신에게 주어진 시간은
자신의 논밭과 같나.

자신의 논밭에서
열심히 일한 사람은
많은 수확을
얻을 것이고

자신의 논밭을 놀린 사람은

아무것도 얻지
못할 것이다.

행복 26

재물과 짐

손에 잡은 재물은
놓을 수 있지만

마음에 잡은 재물은
놓을 수가 없네.

어깨에 진 짐은
남이 대신 질 수 있지만

마음에 진 짐은
남이 대신 질 수 없네.

행복 27

선풍기와 털옷

선풍기 장수는
겨울을 싫어하고
털옷 장수는
여름을 싫어한다.

겨울을 싫어하는 선풍기 장수가
겨울을 좋아하고
여름을 싫어하는 털옷 장수가
여름을 좋아하게 하려면
어떻게 해야 될까?

그래, 이렇게 하면
되겠네.

선풍기 장수가 털옷을 팔고
털옷 장수가 선풍기를
팔고.

물건을 잃었을 땐

잃은 그 자리로 달려가야
찾을 수 있다.

눈이 손더러 내가 너를 쓸데없다 하거나
또한 머리가 발더러 내가 너를 쓸데없다 하거나 하지 못하리라.
－고린도전서

행복 28

물건과 신용

그러나 신용을 잃었을 땐
잃은 그 자리로 가면
안 된다.

다른 자리로 가서
찾아야 한다.

세상 사람들아,
맡은바 일을 할 때는 부디 간절한 마음을 일으켜라.
어린 아기 엄마 찾듯, 고양이가 쥐 잡듯, 병든 자가 의사 생각하듯, 닭이 알을 품듯,
주린 사람 밥 찾듯, 목마른 사람 물 찾듯, 옥에 갇힌 사람 출옥 날짜 기다리듯….
이와 같이 간절한 마음으로 직분을 다하라. 마침내 밥값을 하리라.
 – 참상활구요문

행복
29

투자

벌이가 시원찮은 거지가
신문을 뒤적거리더니 말했다.
"아무래도 내가 투자를 너무
적게 하는 것 같아.
좀더 투자를 크게 해야겠어."

그래서 거지는
큰 마음을 먹고
깡통 하나를 더 구입했다.

행복
30

매력

가난한 사람에게는
돈이 매력적으로 보이고
부자에게는
명예가 매력적으로 보인다.

슬픈 사람에게는
웃음이 매력적으로 보이고
외로운 사람에게는
정이 매력적으로 보인다.

그리고 행복한 사람에게는
삶이 매력적으로 보이고

불행한 사람에게는
죽음이 매력적으로 보인다.

행복
31

용기와 행복

 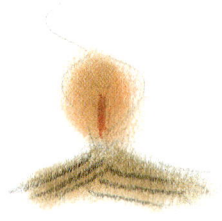

용기란
성냥과 같다.
행복이란
모닥불과 같다.

어느 날
사나운 운명의
비바람이 불어와

그 행복의 모닥불을
꺼뜨린다 해도

성냥만 있으면 다시
불은 붙일 수 있기에….

행복은 받거나 주는 것이 아니라 짓는 것이다.
－성철

행복
32

남는 것

술을 마시고 나면 숙취가 남고
싸움을 하고 나면 상처가 남는다.

거짓말을 하고 나면 부끄럼이 남고
게으름을 부리고 나면
후회가 남는다.

그리고 행복한 사람이나
불행한 사람이나

인생을 살고 나면 아쉬움과
허무가 남는다.

해복 33

밝은 거울

착한 사람들
그들의 얼굴은 밝은 거울이다.
깨끗이 닦인 거울
어쩌다 그 거울 앞에 서면
부끄러운 내가 보인다.

세상에서 어떤 사람 제일 가는 부자인가.
세상에서 어떤 사람 제일 궁한 가난인가.
어머니가 집에 계심 제일 가는 부자이고
어머니가 안 계심이 가장 궁한 가난이라.
어머님이 계시올 때 해가 밝은 날이 되고
어머님이 안 계실 때 해가 저문 날이어라.
어머니가 계실 때는 무엇이든 원만하고
어머니가 돌아가니 온 세상이 공허해라.

  -부모은중송

행복 34

먼지털이와 다리미

먼지털이는 먼지를 털어 내기도 하지만
먼지를 일으키기도 하고

다리미는 옷의 주름을 없애기도 하지만
주름을 만들기도 한다.

마치 미움이
관심을 없애기도 하지만
또 다른 관심을 만들기도 하듯

이별이 정을 없애기도 하지만
또 다른 정을 만들기도 하듯.

치약은 칫솔에 반만 묻혀도
이를 닦을 수 있고

남을 위해 기도하고 자비를 베푸는 것은 결국 나를 위한 것이다.
- 성철

행복 35

절반의 힘

술잔에 술을 반만 따라도
취할 수 있다.

진실한 말은 반만 해도
그 뜻이 통하고

우리 인생은 반만 즐거워도
행복하다.

행복 36
가뭄과 장마

가뭄 뒤에 오는 비는
반갑지만

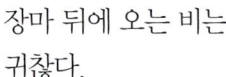

장마 뒤에 오는 비는
귀찮다.

고통 뒤에 오는 편안함은
달콤하지만

고통 앞에 오는 편안함은
불안하다.

행복 37
찾습니다

행복이 사람을 찾습니다.

적은 것에 만족하는 사람.
남의 아픔을 슬퍼하는 사람.

희망을 잃지 않는 사람.
열심히 노력하는 사람.

그리고 나보다 남을
먼저 생각하는 사람.

그런 사람을 찾습니다.

그들 곁으로
달려가려고 부지런히
찾습니다.

행복
38

새 집과 행복

새가 날아오지 않아도
지금 예쁜 새 집을 지어야 해.

새가 날아올 때
새 집을 짓는다는 것은
때늦은 일이야.

왜냐하면
어느 날 갑자기 새가 날아왔다가
집이 없으면 그냥 날아가
버릴테니까.

그래 그래, 행복도 마찬가지야.
지금 불행해도 욕심 버리고
마음 비워 두면 언젠가 행복이
빈 마음으로 찾아 들거야, 암.

행복 39

바람

겨울 바람은 문을 닫아도
틈새로 스며들고

여름 바람은 문을 열어 놓고
기다려도 잘 들어오지 않는다

불행은 조심을 해도
작은 부주의로 찾아 들고

행복은 오라고 손짓을 해도
금방 달려오지 않는다.

행복
40

행복과 쾌락

행복은 발 밑에 있고

쾌락은 머리 위에 있다.

어리석은 사람들은
머리 위에 있는 쾌락을
잡으려고 마구 날뛰다

발 밑에 있는
행복을 짓밟아 버린다.

청정한 행을 스스로 즐기거니
친구를 사귀어 무엇하리.
홀로 선에 머물면 근심 없으니
마치 빈 들판의 코끼리 같으리라.
　　　　　　　　　－법구경

국화는 국화이기 때문에 아름다운 것이다.
국화가 만일 국화이기를 포기하고 스스로 장미가 되려 하거나 매화가 되려 한다면
국화에 관심을 기울일 사람은 아무도 없을 것이다.
그러나 우리들은 무엇이든지 끼리끼리 묶기를 좋아한다. '종(種), 속(屬), 과(科)' 라는
분류법으로 끼리끼리 묶어 놓고, 분석하고 이해하려는 경향이 다분하다.
그렇지만 설령 종과 속이 같다 해도 완전하게 일치하지는 않는다.
다름을 자신의 생명원칙으로 하는 내면의 깊은 뜻이 들어 있기 때문이다.
그래서 같으면서도 다르고, 또 다르면서 같은 이중성을 내포하고 있다.

역설 같지만, 같은 것을 찾을 수 있는 방법이 있다. 그것은 나와 다른 상대의 개체를
완전하게 인정하고 받아들이는 것이다. 억지로 편을 만들려 하지 말고 자신을 비우고
상대를 철저하게 받아들이면 된다. 상대의 생명의 속성을 인정하고 손숭하여
마음을 열고 있는 그대로의 실재를 보면 된다.

이런 근원적인 사실은 생각하지 않고 고향이 같다고, 출신학교가 같다고,
성(姓)이 같다고 온갖 억지를 동원하여 한편을 만들고자 하고
같은 것을 찾으려고 하지만 애초에 될 일이 아니다.
우리는 이제 진리 앞에서 정직해야 할 때가 되었다.
개체의 독자성과 특수성을 받아들이고 인정해야 한다는 엄숙한 진리 말이다.
그렇지 않으면 자칫 공멸을 초래할 수도 있다. 그러나 국화꽃을 국화꽃으로만 보면
살 길이 열린다. 아무런 탈이 없다. 있는 그대로를 보고 들을 수만 있다면 따로 행복을 구
하거나 찾지 않아도 저절로 행복을 깨달을 것이다.

(편집자 松)

LOVE

사랑

愛

국화꽃은

사랑
1

사랑과 정성

여러 송이 꽃보다
한 송이 꽃이 더 향기로운
것은

그 꽃에는 꽃을 보낸 사람의
사랑이 묻어 있기 때문이다.

새로 산 와이셔츠보다
빨아 입은 와이셔츠가
더 눈부신 것은

그 옷에는 옷을 빤 사람의
정성이 배어 있기 때문이다.

사랑 2
부부

한쪽은 크고 한쪽은 작아도
잘 맞아 돌아가는 톱니바퀴.

한쪽은 동작이 빠르고
한쪽은 동작이 느려도
잘 맞아 돌아가는 톱니바퀴.

부부는 톱니바퀴처럼 산다.
한쪽이 돌면 따라서 돌고
한쪽이 서면 따라서 서는

모양과 크기는 서로 달라도
둘이 하나가 되어 돌아가는
톱니바퀴처럼 산다.

소박함은 비록 작은 것이나 천지도 감히 지배할 수 없다.
― 노자

사랑 3

편

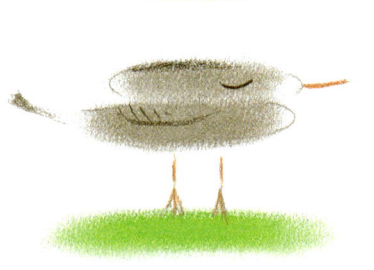

흰 털과 검은 털이
반반 섞인 우아한
회색 새 한 마리가
숲에 살고 있었다.
새는 늘 자기의 우아함을
뽐내면서 숲속을 유유히 걸어다녔다.

이웃에 사는 흰 새는
그 회색 새를 자기 편으로
삼고 싶어했다.
"저 검은 털만 없으면
내 편이 될 텐데…"

그래서 흰 새는 틈만 나면
회색 새 몰래 회색 새의
검은 털을 뽑았다.

같은 이웃에 사는 검은 새도
그 회색 새를 자기 편으로
만들고 싶어했다.
"저 흰 털만 없으면
내 편이 될 텐데…."

그래서 틈만 나면 회색 새
몰래 회색 새의 흰 털을 뽑았다.

어느 날 그 잘난 회색 새는
그만 초라한 알몸이 되고
말았다.

그의 죽음은 죄에 대하여 단번에 죽음이요,
그의 삶은 하나님께 대하여 삶이니,
이와 같이 너희도 너희 자신을 죄에 대하여는 죽은 자요,
그리스도 예수 안에서 하나님을 대하여는 산 자로 여길지니라.
　　　　　　　　　　　　　　　　　　　－로마서

사랑 4
국물과 사랑

국물이 뜨거울 땐
국물 속의 기름이
잘 나타나지 않듯이

사랑이 뜨거울 땐
상대편의 단점이
잘 나타나지 않는다.

국물이 식을 땐
국물 속의 기름이
떠오르듯이

사랑이 식을 땐
상대편의 단점이
나타나기 시작한다.

친구를 사귀면서 나에게 이익 되기를 바라지 말라.
나에게 이익이 되고자 하면 도의를 잃게 된다.
도의가 이지러지면 반드시 그의 허물을 보게 되나니
성인은 바라는 바가 없는 사귐으로 진실한 양식을 삼느니라.
－보왕삼매론

사랑 5
사랑과 사랑니

사랑이란
사랑니와 같다.

어느 날 갑자기
저 깊은 곳에서
자라나기 시작하는
그 놈은

가만히 놔 둬도
아프고

뽑아도 아프다.

사랑 6

고삐

남편이 뛰면 아내도 같이
뛰어야 한다.

아내가 뛰면 남편도 같이
뛰어야 한다.

  한쪽은 뛰는데
한쪽이 뛰지 않으며

뛰지 않는 쪽은
뛰는 쪽을 잡아당기는
고삐가 된다.

사랑
7

아름다움과 고통

이별의 슬픔이 있기에
인간의 사랑이 더 아름답고

가지는 즐거움이 있기에
인간의 삶이
더 고통스럽다.

부처님 오신 날에 물어보자.
감사와 기쁨과 밝은 마음이 가득한가?
친절하고 따뜻하고 어느 때나 유화한가?
'항상 오늘 하루 이웃에게 무엇을 줄 것인가'를 생각하는가?
'나는 어떠한 고난에서든 걸림 없이 전진하는 자'라는 자신과 용기에 차 있는가?
아침 해 담뿍 받은 5월의 신록을 보라.
티 없이 싱싱하고 밝고 진실하여 찬란한 봄 하늘에 푸른 꿈을 거침없이 펴내지 않는가.
우리 모두는 '절대의 선 · 자재 · 원만 · 행복의 창조자'라는
부처님의 가르침을 믿고 실천하는 삶이어야 하는 것이다.

― 金河錄

한 노총각이 헐레벌떡
결혼상담실 문을 밀고
들어왔다.

상담실 직원이 말했다.
"무척 급하신가 보군요.
하지만 차례를 기다려
주세요."

사랑 8
결혼보다 급한 것

그러자 그는 발을 동동
구르며 말했다.

"네, 그것도 급하지만
더 급한 게 있어요.
저, 화장실 어딥니까?"

사랑 9

나무의 꿈

못난이 나무 한 그루가
있었다.

두둥실 떠가는 구름이
가끔 머리 위로 지나갈 뿐
아무도 찾아와
주지 않았다.

외로운 나무는
작은 새 한 마리라도
날아와 주기를 애타게
기다렸다.

"털이 빠진 못생긴 새라도 좋아.
날아와만 준다면 내 그늘에서
편히 쉬게 해줄 텐데…"
나무는 혼자 중얼거렸다.
그러나 새들은 날아오지
않았다.

나무는 밤마다 꿈을
꾸었다.
언젠가는 자기에게 날아올
귀여운 새들의 꿈을.

많은 날이 지나갔다.
그런 어느 날 뜻밖에도
빨간 머리의 작은 새 한 마리가
날아왔다.
나무는 너무나 기뻐서 어쩔 줄
몰랐다.

"네가 오기를 얼마나 기다렸는지 몰라.
오래 오래 나와 함께
있어 줘."

그런데 그 새는
콕 콕 콕…
나무의 가슴에 커다란
구멍을 뚫어 놓고 날아가
버렸다.

나무는 너무도 슬퍼서
엉엉 울었다.

여름이 가고 겨울이 왔다.
구멍 뚫린 가슴속으로
찬바람이 파고들었다.
나무는 오들오들 몸을 떨었다.

"이제 겨울이 오면 새들은 따뜻한
남쪽으로 날아가겠지.
동물들은 겨울잠을 잘 거고….
뱀은 땅 속에서 곰은 굴 속에서
다람쥐는… 그래, 다람쥐는
나무 둥지 속에서 잠을 자겠지."
나무는 갑자기 힘이 솟았다.

"기다린다면 언젠가 이 구멍으로
귀여운 다람쥐가 찾아올 거야."
그날 밤 나무는 오랜만에 아름답고
즐거운 꿈을 꾸었다.
귀여운 다람쥐와 둘이서 행복하게
지내는 꿈을.

사랑
10

미운 마음

서로 미워하며 지내는
부부가 있었다.

어느 날 남편이 아내를 보고
말했다.
"여보, 쓰레기 봉투 하나만
갖다 주구려."

행복은 인격에 있지 물질에 있지 않다.
―성철

그러나 아내는 등을 돌리고 앉아
남편의 말을 들은 척도
안 했다.

그런 아내를 한참 쳐다보던
남편이 혼잣말로 중얼거렸다.
"미운 마음을 담아서 내다 버리려
했더니 안 되겠군."

사랑
11

착한 일

"여보, 당신도 이제 남들한테
착한 일 좀 하시구려."

밖으로 나가는 남편에게
아내는 착한 일 몇 가지를
손에 쥐어 주었다.

"알았어요."
남편은 그걸 받아서 안주머니 속에 깊숙이 찔러 넣었다.
그러자 아내가 말했다.

"여보, 그건 안주머니 속에 넣지 말고 바깥 주머니에 넣어 두세요.
언제라도 빨리 꺼낼 수 있어야 하니까요."

사랑
12

연습

한평생을 다정하게 꼭 붙어
다니는 늙은 부부가 있었다.

시장을 가든 친구 집을 가든
어디를 가든 그들 부부는
늘 같이 다녔다.

그러던 그들 부부가
어느 날부턴가 서로 떨어져
혼자 다니기 시작했다.
이웃집 사람이 궁금해서 물었다.
"아니, 요즘은 왜 혼자서 다니세요?"

배우고도 깊이 생각하지 않으면 얻어지는 것이 없고
생각만 하면서 배우지 아니하면 위태롭다.
- 논어

그러자 그가 말했다.
"저 세상 갈 때는 혼자서 가잖아요.
이제부터 연습을 해야지요."

사랑
13

동반자

동반자란
같은 길을 가는 사람이다.
그러나 같은 길을 간다고
다 동반자는 아니다.

어떤 이는 같이 가는 이의
등에 업혀 가기도 하고

또 어떤 이는 같이 가는 이를
자신이 업고 가기도 하기
때문이다.

그러기에 진정한 동반자란
해 뜨는 동쪽을 향해 나란히
걸어가는 것이다.

사랑
14

가정

가정이란
작은 오아시스다.

남자들은 이 오아시스를
전진의 기지로 삼고
여자들은 이 오아시스를
마지막 귀착지로 삼는다.

그리고 아이들은
이 오아시스에서
꿈을 먹고 자란다.

가정이란
언제나 맑은 물이 샘솟는
오아시스다.

어진 이가 지혜로운 이를 가까이 하는 것은 마치 혀가 음식 맛을 알 수 있듯이
비록 잠깐 동안 가까이 하더라도 참다운 진리의 뜻을 아네.
－법구경

좋은 궁합이란?
바람 많은 남자가
깃발 같은 여자를
만나는 것.

눈물 많은 여자가
손수건 같은 남자를
만나는 것.

사랑
15

궁합

나쁜 궁합이란?
목마른 남자가
사막 같은 여자를
만나는 것.

아름다운 여자가
어둠 같은 남자를
만나는 것.

사랑
16

사랑과 미움

사랑의 새는
가슴이 따뜻하고

미움의 새는
가슴이 차갑다.

착하지 않은 일을 행한 뒤에는 물러나 뉘우치고 슬퍼하며 얼굴 가득 눈물을 흘리나니,
이 갚음은 지은 업에서 오느니라.
　　　　　　　　　　　　　　－법구경

가슴이 따뜻한
사랑의 새는
행복의 알을 품어
그 행복을 부화시킬 수 있지만

가슴이 차가운
미움의 새는
그 알을 품어도 부화시킬 수 없다.

조금 나아가서 얼굴을 땅에 대시고 엎드려 기도하여 가라사되,
내 아버지여, 만일 할 만하시거든 이 잔을 내게서 지나가게 하옵소서.
그러나 나의 원대로 마옵시고 아버지의 원대로 하옵소서.
- **마태복음**

사랑 17

도둑과 손님

여자가 남자에게 말했다.

"지금은 마음의 문이 잠겨 있어요.
내가 빗장을 걸었어요.
그런데도 당신이 내게 오면
당신은 도둑이에요.
내가 빗장을 열었을 때
당신이 오면
당신은 손님이에요."

사랑
18

겉치레

여자가 남자에게 편지를 띄웠다
"우리 사이에는 사랑만이 존재합니다.
돈 같은 것은 한낱 겉치레에 불과하지요."

추신: 오늘 겉치레가 다 떨어졌음.

깊은 못물은 맑고 고요해 물결에 이지러지지 않는 것처럼
지혜로운 사람은 진리를 듣고 그 마음 저절로 깨끗해지네.

― 법구경

사랑
19

미운 사람 고운 사람

그렇게 미웠던 사람도
떠나고 나니 섭섭하네.

그렇게 좋았던 사람도
같이 살아 보니 덤덤하네.

인생살이가 피곤하거든 염불하여 마음을 부처님께 돌릴 것이니,
부처님은 지혜이며 자비이며 무한의 공덕장이다.
부처님 진리에 뛰어들 때 불안은 사라지고 평화가 찾아오며 희망과 기쁨이 넘쳐 온다.
현상계란 미혹된 마음의 경계이므로 꿈이며 환이며 실(實)이 아니다.
그것이 영원한 줄 그릇 알고서 집착하면 불안과 고통이 뒤를 따르고
온 가슴 가득히 허무가 고여든다.
진리의 빛에서 미망은 사라지니 불 앞에 어찌 사라지지 않는 어둠이 있으랴.
진리는 부처님, 염불은 진리광명, 피곤하고 지친 마음에 희망과 용기를 부어준다.

－金河錄

사
랑
20

가족

한 솥의 밥을
먹는다고 한 가족은
아니다.

한 가족이란

누구 한 사람의 잘못을 같이
가지는 것이다.

누구 한 사람의 아픔을 같이
가지는 것이
한 가족이다.

행복한 부모는
자식을 희망으로 보고

애욕에서 근심이 생기고 애욕에서 두려움이 생긴다.
애욕에서 벗어난 이는 근심 없는데 어찌 두려움이 있으리.
- 법구경

사랑
21

부모

불행한 부모는
자식을 후회로 본다.

현명한 부모는
자식에게
바른 정신을 일깨워 주고

어리석은 부모는
자식에게
끝없는 욕망을 충동한다.

사랑
22

동그라미 이야기

동그라미 하나가 굴러갔다.
한참을 가던 동그라미는 앞서 가는
작은 동그라미를 만났다.

"우리 같이 굴러가자."
두 동그라미는 나란히
굴러갔다.

그러나 작은 동그라미는
큰 동그라미를 따라오지 못했다.
동그라미는 다시 혼자 굴러갔다.

혼자 가던 동그라미는 어느 날
뒤따라오는 큰 동그라미를
만났다.
"우리 같이 굴러가자."
두 동그라미는 같이 굴러갔다.

그러나 끝까지 같이 갈 수가
없었다. 빨리 구르는
큰 동그라미를 따라갈 수
없었으니까.

다시 혼자된 동그라미가
중얼거렸다.
"아, 나하고 맞는 동그라미는
없을까? 꼭 맞는 동그라미…."

그러던 어느 날,
동그라미는 뜻밖에도 꼭 맞는
동그라미를 만났다.
동그라미는 무척 기뻤다.

"이제 끝까지 같이 갈 수
있겠구나."
두 동그라미는 나란히
굴러갔다.

그러나 그 즐거움도 잠시,
같이 가던 동그라미가
비틀거리며 그 자리에
쓰러지고 말았다.

알고 보니 너무 오래 굴러온
힘 빠진 동그라미였다.

동그라미는 다시 혼자가
되었다.

지금도 그 동그라미는
혼자 굴러가고 있다.
영영 없을지도 모를 자신에게 꼭 맞는
동그라미를 찾아서….

질병이 몰아쳐 올 적에는 여러 가지 약초 되어 중생들을 치료하고
흉년이 찾아오면 쌀이 되고 밥이 되어 굶주림을 면하게 하고
전쟁이 일어나면 대자대비 베풀어서 죽는 사람 건져내리.
  -유마경

사랑 23

어미새와 아기새

어미새는 아기새가 귀여워
열심히 먹이를 물어다 주었다.
아기새가 자라서 어른이 되어도
어미새는 계속
먹이를 물어다 주었다.

세월이 흘러 어미새는
늙었다.
늙은 어미새는 이제 더 이상
아기새에게 먹이를 물어다
줄 수 없게 되었다.

어미새가 먹이를 물어다
주지 않자 어른이 된 아기새는
어미새의 머리를 쪼았다.
배고프다고 화를 내면서 콕콕 머리를 쪼았다.

사랑
24

양초

사랑이라는 한 자루 양초
한꺼번에 다 태울까?
두고두고 아껴서 오래 태울까?

사랑은 오래 참고 사랑은 온유하며,
투기하는 자가 되지 아니하며,
사랑은 자랑하지 아니하며 교만하지 아니하며
성내지 아니하며 악한 것을 생각하지 아니하며 불의를 기뻐하지 아니하며
진리와 함께 기뻐하고 모든 것을 믿으며 모든 것을 바라며 모든 것을 견디느니라.
　　　　　　　　　　　　　　　　　　　　　　　－고린도전서

사랑
25

사랑

진실로 사랑하는 사람은
남들 앞에서 자기의 사랑을
말하지 않는다.

왜냐하면
사랑은 말없이 그냥 주는
것이기 때문이다.

진실로 사랑하지 않는 사람은
남들 앞에서 자기의 사랑을
떠벌린다.

왜냐하면
빌려주는 사랑에는
보증인이 필요하기 때문이다.

사랑
26

남과 여

남자는 여자를 사랑하고

여자는 그 남자의 사랑을
사랑한다.

그래서 여자는 남자 앞에서
늘 예뻐야 하며

남자는 여자 앞에서
늘 사랑을 말해야 한다.

사랑
27

남자는 여자보다

이 세상을 사는 데는
남자가 여자 보다 더
힘이 든다.

왜냐하면

여자는 남자에게
사랑만 바치면 되지만

남자는 여자에게
돈과 사랑 두 가지를
바쳐야 하기 때문이다.

승차권 없이 지하철을
탄다고 똑똑한 사람이 아니다.

후회 없이 인생을 사는
사람이 똑똑한 사람이다.

영원하다는 것 모두 다 사라지고
높다는 것은 반드시 낮아지며
모인 것은 뿔뿔이 흩어지고
한 번 태어난 것은 기필코 죽느니라.
-법구경

사랑 28

똑똑과 현명

재빨리 빈 자리를
차지한다고 현명한
사람이 아니다.

남의 사랑을 재빨리
차지하는 사람이
현명한 사람이다.

사랑
29

부탁

잔소리 많은 아내를 보고
남편이 말했다.
"여보, 나 부탁 있는데
당신 벙어리가 될 수 없겠소?"
그러자 아내가 말했다.
"나도 부탁이 있어요.
당신 귀머거리가 돼 줘요."

세상 쾌락 저버리면 성인같이 공경받고
어려운 일 능히 하면 부처처럼 존경받네.
재물 간탐 하는 사람 마귀 권속 이 아니며
자비 보시 하는 사람 부처 아들 이 아닌가.
― 원효대사

선량한 사람을 채찍질하고
죄 없는 사람을 거짓으로 모함하면
그 갚음은 끝내 용서가 없어
다음의 열 가지 재앙을 받는다.

살아서 못 견딜 고통을 받고
몸을 다쳐서 불구자가 되며
저절로 병이 들어 괴로워하고
낙담하여 정신이 혼미해진다.
항상 남에게 모함을 받고
혹은 관청의 형벌을 받으며
재산을 송두리째 잃게 되고
친족들과 멀리 떠나 산다.
가진 집은 모두 불태워지고
죽어서는 지옥에 들어가나니

이것이 열 가지 재앙이니라.
- 법구경

사랑
30

당부

술꾼 남편을 보고 아내가 말했다.
"여보, 혹시 술이 취해 실례를 하더라도
고추밭엔 절대 가지 마세요.
고추 밭에 고추 따는 아줌마가
있을지 모르니까요."

사랑
31

짝사랑

짝사랑이란
무정란이다.
아무리 공을 들여
오래 품고 있어도
그 속에서는
아무것도 나오지 않는다.

세상 천지 만물 중에 사람 밖에 또 있는가.
여보시오 시주님네 이내 말씀 들어 보소.
이 세상에 나온 사람 뉘 덕으로 나왔는가.
석가여래 공덕으로 아버님께 뼈를 빌고
어머님께 살을 빌며 칠성님께 명을 빌고
제석님께 복을 빌어 이내 한 몸 탄생했네.
― 별회심곡

사랑
32

사랑과 향기

사랑이란 향기다.

아무리 숨겨도

멀리까지 퍼져 간다.

그래서 많은 사람들을
황홀하게 한다.

꽃마다 피는 계절이 다르다. 피는 계절이 다른 것은 제 때를 맞춰 피어야
아름답고 좋은 결실을 이룰 수 있기 때문이다. 제 철이 아니면 자신의 모습을 제대로
표현할 수 없기 때문에 꾹 참고 기다려야 하는 것이다.
농부가 봄에 씨앗을 뿌렸다 해도 결실이 되기까지는 적절한 물과 햇빛, 시간이 필요하다.
그처럼 인간의 노력이 아무리 왕성해도 환경질서에 벗어나서
따로 이루어지는 것은 없다. 마찬가지로 복의 씨앗을 뿌렸어도
그 복이 우리들의 결실로 다가오기까지는, 역시 때가 있다.
왜냐하면 모든 것은 다 일정한 법칙의 때(時)가 있기 때문이다.
인간의 마음법칙에도 때가 있다. 구월 철 국화꽃을 보기 위해
이른봄에 가지를 잘라 심듯이, 사람도 누구나 복을 심고 키운 뒤에라야
그 복을 쓰게 된다. 처음부터 심지 않거나 심었다 해도 때를 놓치면
도무지 소용없는 일이 된다. 꽃이 피는 때도 있고 지는 때도 있으며 열매를 품을 때도
있고 떨어뜨리는 때도 있다는 것을 잘 숙지하여 거기에 따르면 무리가 없다.
누구나 살면서 부지런히 선행을 하고 노력을 해서 얻는 것은
농부가 봄에 씨앗을 뿌리는 일과 같다. 농부는 가을을 바라보고 봄에 논밭으로 나가
씨를 뿌리고 싹을 틔우며 거름을 주어 가꾼다. 구월 철 국화꽃을 보기 위해….

(편집자 松)

LESSON

경훈

警訓

구월에만 핀다 하리

경환 1

살피지 말자

있는가 없는가 살피지 말고
잘났는가 못났는가 살피지 말자.

많은가 적은가 살피지 말고
좋은가 나쁜가 살피지 말자.

있는 것을 찾으니 없는 것이
나오고 잘난 것을 찾으니
못난 것이 나온다.

그리고 많은 것을 찾으니
적은 것이 나오고 좋은 것을
찾으니 나쁜 것이 나온다.

경구 2

바보 같은 짓

어떤 이가 오랜 연구 끝에
물 위를 걷는 법을 발견했다.
정말 대단한 일이었다.
많은 사람들이 그에게
박수를 보냈다.
세상은 온통 난리였다.

그러나 그를 지켜보던
한 어부가 말했다.
"바보 같은 짓이야.
고기는 언제나 물 속에 있는데…."

마음에 안 드는 사람이 있더라도 내 뜻대로 그 사람을 바꾸려 하지 마라.
그 사람도 스스로 인격의 권위를 갖고 있다. 내가 바뀌어야 상대방도 바뀐다.
착한 사람으로 보고 그를 축복해 주라. 인내성 있게 꾸준히 축복해 주라.
남의 잘못을 따지지 마라.
남의 언행만을 보고 판단하지 마라. 그도 불자. 만덕을 갖추었다.
그를 찬탄하고 그의 만덕을 축복해 주자.
"사람은 불자, 착한 사람, 모두에 친절하고 훌륭한 인격자, 나를 깨우치고 복을 주신다."
이렇게 기도하고 일심으로 생각할 때 서로에게 뜨거운 우정이 흐르는 것이다.

- 金河錄

내 옷 남 벗어 주기 아까울 때
이 옷 남에게 잠시 빌려 입은
옷이라고 생각하면 어떨까?

내 신발 남 벗어 주기 아까울 때
이 신발 남에게 잠시 빌려 신은
신발이라고 생각하면 어떨까?

어리석은 사람이 하는 일은 그 자신의 근심을 불러오나니,
가벼운 마음으로 악을 짓다가 스스로 무거운 재앙을 불러들이네.
- 법구경

경훈 3

그러면 어떨까

남을 위해 좋은 일을 할 때
내가 지금 손해 본다고
생각하지 말고

그 옛날 누군가에게 받았던
도움을 내가 지금 갚는다고
생각하면 어떨까?

경훈 4

한 장의 종이

바람이 불면 바람에 날리는
한 장의 종이가 되지 말고

바람을 타고 높이 오르는
지혜로운 연이 되자.

비가 오면 비에 젖는
한 장의 종이가 되지 말고

비를 막는 튼튼한
우산이 되자.

작은 불은 바람 앞에서
쉽게 꺼지지만

큰불은 바람 앞에서
더 활활 탄다.

음욕보다 더한 불길이 없고 성냄보다 더한 독이 없으며,
이 몸보다 더한 괴로움 없고 열반보다 더한 즐거움 없네.
-법구경

경훈 5
바람과 시련

작은 용기는 시련 앞에서
쉽게 사라지지만

큰 용기는 시련 앞에서
더 강해진다.

고독

그는 많은 날을 고독과 싸웠다.
그리하여 마침내 그 고독을
이기고 말았다.
"야! 난 드디어 고독을 이겼다."
그는 신이 나서 소릴 질렀다.
그러나 아무도 그를 쳐다보지
않았다.
그는 다시 고독해지기 시작했다.

어떤 때라도 동요하지 말고 확고한 믿음을 갖자.
나의 생명과 진리본성은 마하반야바라밀이다.
거기에는 행복과 풍요와 건강과 완전 성취만이 가득하다.
이 세상에서 아무리 연기와 먼지가 일더라도 허공은 그 모두를 맑히고
푸른 하늘인 채로 영원하듯이 우리의 생명 '바라밀'도 또한 그와 같다.
바라밀을 굳게 믿고 동하지 아니할 때 세간의 일체 고난은 마침내 사라진다.

－金河錄

경훈 7

별과 보석

별은 어둠 속에서 반짝이고
보석은 밝은 빛 속에서 반짝인다.

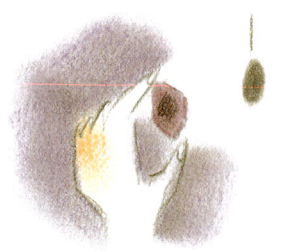

별은 밝을수록 그 빛을 잃고
보석은 어두울수록 그 빛을 잃는다.

별과 보석
가만히 살펴보니
우리들 희망과 양심을 닮았네.

어두울수록 반짝이는 희망이
별을 닮았고
어두우면 사라지는 양심이
보석을 닮았다.

그는 지자가 되기 위해 어리석을 필요가 있다.
—고린도전서

경훈 8
우연과 노력

얻어 쓰는 모자는 머리에
잘 맞지 않아
쉽게 벗겨진다.

우연이란
얻어 쓰는 모자와 같다.
우연히 얻은 것은
쉽게 없어지기에….

힘 주어 매는 머리띠는
쉽게 벗겨지지 않는다.
춤추고 뒹굴어도
벗겨지지 않는다.

노력이란
힘 주어 매는 머리띠와 같다.
노력해서 얻은 것은
쉽게 없어지지 않기에….

항아리는 장독대에 있어야 하고
식기는 부엌에 있어야 한다.

벽시계는 벽에 걸려 있어야 하고
의자는 책상 앞에 있어야 한다.

가난하면서 원망심 없기는 어렵고, 풍부하면서 원망심 없기는 쉽다.
-논어

경훈 9

제자리

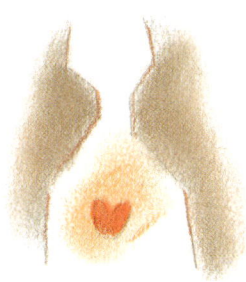

그리고 사랑은 가슴에 있어야 하고
용기는 바로 눈앞에 있어야 한다.

모든 것은 다 제자리에
있어야 한다.

경험 10
쓸모 없네

켜지 않는 전구
생각하지 않는 머리
쓸모 없고

바람 빠진 타이어
희망 없는 내일
쓸모 없다.

쓰지 않는 공책
실천 없는 계획
쓸모 없고

쓰지 않는 돈
베풀 줄 모르는 사랑
쓸모 없다.

많은 사람들이 불법 문중에서 도를 이루었거늘,
그대는 어찌 삼계의 고통바다에서 헤매고 있는가?
그대가 **비롯**함 없는 옛날부터 금생에 이르기까시
참된 성품을 등지고 객진번뇌에 몸을 맡겨 어리석음에 떨어졌구나.
그리하여 항상 갖가지 악업을 지어 삼악도의 괴로운 윤회에 시달리며
모든 착한 일은 닦지 않고 사생의 업해에 빠져 있구나.

- 자경문

경훈
11

착각

힘 센 사람이 무거운 보따리를
번쩍 드는 것을 보고
그 보따리가 가벼울 것이라고
생각하는 것은 착각이고

힘 없는 사람이 가벼운 보따리를
들고 낑낑대는 것을 보고
그 보따리가 무거울 것이라고
생각하는 것도 착각이다.

돈 많은 부자를 보고
돈 벌기가 쉬울 것이라고
생각하는 것은 착각이고

돈 없는 가난한 사람을 보고
돈 벌기가 어렵다고
생각하는 것도 착각이다.

아무리 큰 나무라도
비바람에 오래 견디지 못하면
강한 나무가 아니다.

아무리 높은 강둑이라도
홍수에 오래 견디지 못하면
강한 둑이 아니다.

아무리 바람이 거세게 불지라도 반석은 흔들리지 않는 것처럼
지혜로운 사람은 그 뜻이 굳어 비난과 칭찬에도 흔들리지 않네.
- 법구경

경훈
12

강한 것

그렇다.
강한 것은 크고 높은 것이 아니라
오래 견디는 것이다.

작아도
오래 참고 견디는 것이
참으로 강한 것이다.

결혼 13

결점

아무리 잘 드는 칼이라도
칼은 자신을 베지 못하고

아무리 힘센 손이라도
손은 자신을 잡지 못한다.

아무리 똑똑한 사람이라도
자신의 결점을 스스로 잡아내지
못하고 없애지도 못한다.

사람의 결점은 바로
그 칼과 손과 같다.

길을 찾아 헤매는 이가
있었다.
그는 지나가는 사람을 붙들고
길을 물었다.

예수께서 대답하여 가라사대,
진실로 네게 이르노니 사람이 거듭 나지 아니하면 하나님 나라에 올 수 없느니라.
- 요한복음

경훈
14

길과 인생

"이 길은 어디로 가는 길입니까?"

그러자 그 사람이 대답했다.

"길이 어딜 가다니요? 길은 여기 있고 당신이 어디론가 가고 있지 않소."

경훈 15
친구

뚱뚱이와 홀쭉이가
친구가 되듯
키다리와 땅딸이가
친구가 되듯

예쁜이와 못난이가
친구가 되고
부자와 가난뱅이가
친구가 되자.

우리 모두 손잡고
친구가 되자.

그리고 행복한 사람
불행한 사람
다 같이 친구가 되자.

경훈
16

신발과 친구

신발은 자기 발에
딱 맞아야 한다.

안 맞는 작은 신발을 신으면
발이 아프고
안 맞는 큰 신발을 신으면
자꾸 벗겨져서 걷지 못한다.

좋은 친구란
딱 맞는 신발과 같다.

그리고 오래 된 신발이
발이 편하듯이
오래 된 친구는 마음이
편하다.

사람의 삶은 높은 이상을 향하여 불타는 삶이어야 한다.
닥치는 대로 하루하루 살아간다거나 그때 그때의 충동적인 생활이어서는 안 된다.
높은 이상을 마음에 그리고 한 걸음 한 걸음 높이 올라가는 생활에서 삶의 보람이 있다.
이상을 따라 성실하게 살아가는 사람에게는 '나는 승리자다'라는 자신감이 생긴다.
때로는 실패감이나 좌절감이 밀려올 때도 있을 것이다.
그러나 거기에 주저앉지 않고 끊임없이 이상을 향하여 나아가는 자는
이상이 없는 자보다 몇 배나 값있는 인생을 살게 된다.
결코 육체적 쾌락만을 가치로 알고 그것을 삶의 목적으로 삼지는 말자.
거기에는 동물적·식물적 삶이 있을 뿐이다. 자신에게 깃든 정신적·영적 기쁨과 가치를 몰락시킨다. 어떤 쾌락도 인생 가치를 높이지는 못하는 것이다.
－金河錄

경훈
17

돈

돈이란 안개다.
자칫 잘못해서 그 안개 속으로
빠져든 사람은
안개밖에 다른 것은
보지 못한다.
사랑도 우정도
그리고 자기 자신까지도.
(안개 속을 헤메다가 끝내 가고 만다.)

새아침 태양에게 배운다

생명은 밝은 데서 성장한다.
인간은 밝은 사상에서 발전이 있다.
우리의 본 면목이 원래로 밝은 생명이기에-
어둠을 찢고 솟아오르는 찬란한 아침해를 보라.
거침없는 시원스러움이 넘쳐나는 활기가 모두를
밝히고 키우고 따뜻이 감싸주는 너그러움이 거기 있다.
이 한해를 결코 성내지 않고 우울하지 않고
머뭇대지 않고 밝게 웃으며 희망을 향하여
억척스럽게 내어 닫는 슬기로운 삶이 되자.
빛을 향하는 곳에 행운이 있다. 성공이 온다.
　－金河錄

경훈
18

빵 한 조각

빵 한 조각 속에도
천당과 지옥이 있네.

한 조각의 빵을 서로
나누어 먹으니 그 속에서
천당이 나오고

한 조각의 빵을 서로
먹으려고 다투니 그 속에서
지옥이 나오네.

경훈
19

밥 같은 친구

매일 봐도 싫증나지 않는 내 친구
밥 같은 친구가 나는 좋다.
빵이 먹고 싶다고 말을 하면
"야, 밥이 낫다, 밥이 나아."
라고 말하는 친구.

어쩌다 하루라도 못 보게 되면
"야, 내가 개밥에 도토리냐?"
라고 투덜대는 밥 같은 친구
그 친구가 정말 좋다.

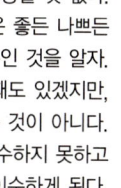

아무리 험난한 일을 당하더라도 실망할 것 없다.
우리의 일상생활상에 나타나는 모든 환경은 좋든 나쁘든
나의 영적 생명을 키우는 자양분인 것을 알자.
귀찮고 답답한 환경이라면 거기서 뛰쳐나가고 싶을 때도 있겠지만,
그렇게 고난을 피하여 도망쳤다 하여 영적 생명이 성장하는 것이 아니다.
주어진 과제가 어렵다 하여 회피한다면 끝내 과제는 이수하지 못하고
언젠가는 그 과제를 이수하게 된다.
우리에게 닥친 환경은 나의 진실생명의 성장을 위하여
마땅히 이수하여야 할 과제인 것을 알고
용기와 자신으로 지혜롭게 인생과제를 처리해 가자.
고난이 나의 참 생명을 키운다는 것을 안다면 고난 앞에서 의연하게 웃고 감사하게 된다.

― 金河錄

경훈 20
현실과 행동

험한 길을 걸을 때는
발 밑을 살펴야 하고

평탄한 길을 걸을 때는
앞을 보아야 한다.

험한 길을 걸으면서
발 밑을 살피지 않으면
넘어지게 되고

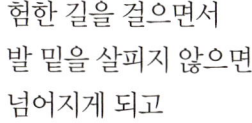

평탄한 길을 걸으면서
앞을 보지 않으면
앞으로 곧장 가지 못한다.

경훈 21

가난과 짐

가난이란
짐과 같다.

아무런 생각 없이
지고 가는 이에게는
그 짐이 가볍고

무겁다고 생각하고
지고 가는 이에게는

그 짐이 자꾸
무거워진다.

경훈
22

씨

사람들은 아무 생각 없이
인연의 씨를 마구 뿌린다.

지극히 작은 것에 충실한 자는 큰 것에도 충실하고,
지극히 작은 것에 불의한 자는 큰 것에도 불의하느니라.
- 누가복음

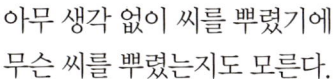

아무 생각 없이 씨를 뿌렸기에
무슨 씨를 뿌렸는지도 모른다.

나중에
그 씨앗이 자라나
핀 꽃을 보고는

미운 꽃이 피었다고
투덜댄다.

도둑을 도둑으로 알고 만나니
도둑 맞을 일 없고

귀신을 귀신으로 알고 만나니
귀신에게 홀리는 일 없다

경훈
23

알고 만나니

그렇다.
사랑을 알고 만나니
사랑이 떠나도
슬프지 않고

삶을 알고 만나니
삶이 끝났어도
슬프지 않다.

경훈 24

길과 생각

곧은 길은 앞을 내다볼 수 있지만
굽은 길은 앞을 내다볼 수 없다.

곧은 생각은 미래를 내다볼 수 있지만
굽은 생각은 미래를 내다볼 수 없다.

새아침에 인간 승리의 송가를 부르자.
부처님 나라는 이 땅이고, 부처님은 항상 우리와 함께 하시며,
어린 것을 걱정하듯 우리에게 마음을 떠나지 않으신다.
이 땅은 부처님 나라, 모두는 불자, 영원 불변 완전 원만한 부처님 나라, 공덕이 가득히 넘친다.
이것만이 참으로 있는 것이며, 참된 우리 것이며, 이것밖에 다른 것은 없다.
그러나 이 세상 감각적 현상은 모두가 덧없는 것, 바람처럼 강물처럼 흘러간다.
그것은 그림자, 실재가 아니다. 그렇거늘, 우리가 어찌하여 실재가 아닌 것에 마음두고,
기뻐하고, 근심할 것이 있을까. 부처님 함께 계심과 부처님 나라 공덕이 충만한 것,
이것이 이 땅 우리의 참 모습인 것을 믿고 또한 보자.

찬란한 이 아침,
우리 주변과 우리의 마음 구석구석에 병고, 실의, 패배,
침체의 어두운 그림자를 말끔히 소탕하자.
그래서 밝게 빛나는 새아침의 태양아래 부처님이 주신
인간 승리의 송가를 소리 높이 부르자.

－金河錄

교훈 25

시계와 시간

시곗방에 한 손님이
나타났다.

그는 이 시계 저 시계
값만 물어볼 뿐
선뜻 사지를 않았다.

그러자 시곗방
주인이 말했다.

"손님, 돌아가십시오.
우리 가게엔 시계만 팔지
시간은 팔지 않습니다."

경훈
26

재물

재물이란 분명
죽은 놈이다.

발로 차고 이빨로 깨물고
몽둥이로 두들겨 패 봐도
아무 반응이 없다.
죽은 놈이 틀림없다.

그런데도 사람들은
그 놈이 달아날까 봐
자나깨나 꼭 붙들고
놓지 않는다.

때로는 그 죽은 놈을 위해
자신의 산 목숨을 버리려 한다.

해를 섬기는 것은 밝기 때문이요
부모를 섬기는 것은 은혜 때문이며
임금을 섬기는 것은 권력 때문이고
도인을 섬기는 것은 가르침을 듣기 위해서다.
- 법구경

낭비

낭비란
구멍난 호주머니다.

그 호주머니엔
아무리 많은 돈을 넣어도
다 새기 마련이다.

얼빠진 사람들은
자기 호주머니에 구멍난 줄은
모르고

나중에 자기 돈이
없어졌다고 야단이다.

경훈 28

큰 잘못

어떤 이가
여러 잘못들이 모인 곳에서
한 잘못에게 물었다.

"당신들 중에서 제일 큰
잘못은 누구입니까?"

그러자 그 잘못은
다른 한 잘못을 가리키며
말했다.

"저기, 제 자신이 잘못인 줄
모르는 저 잘못이라오."

저희가 묻기를 마지 아니 하는지라 이에 가라사대, 너희 중에 죄 없는 자가 먼저 돌로 쳐라 하시고, 다시 몸을 굽히사 손가락으로 땅에 쓰시니라.

– 요한복음

경훈 29
허수아비

추수 끝난 빈 들판에
홀로 서 있는 허수아비.
지나가던 참새가 말을 붙인다.

"너 외롭지?"
"……"
허수아비는 말이 없다.

"넌 이제 곧 뽑힐 거야."
"……"
그래도 허수아비는 말이 없다.

누가 놀리고 비웃어도
말 없는 허수아비
무슨 말을 들어도
꿈쩍 않는 허수아비.

한 도시에 어느 날
이런 공고문이 나붙었다.

우리가 알거니, 옛사람이 예수와 함께 십자가에 못 박힌 것은
죄의 몸이 멸하며 다시는 우리가 죄에게 종노릇하지 아니하려 함이니라.
- 로마서

경훈 30

시간 도둑

"우리 도시에 시간을 빼앗아 가는
도둑 셋이 나타났다.

이놈들의 이름은 '우물쭈물' 과
'어영부영' '할까말까' 이다.

이놈들에게 당하지 않도록
각별히 조심하기 바람."

쓰러진 개 앞에서
한 사나이가 미친 듯이
소리치고 있었다.

"저리 가요. 다들 비켜요.
비키지 않으면 물려요."

경훈 31

바로나

그러자 누군가 말했다.
"이봐요, 이 개는 죽었잖아요."

그 말에 사나이가 말했다
"이 개를 문 것은 바로 나요"

경훈 32

술

마음 슬픈 날
슬픈 마음 달래려고
술을 마셨더니

슬픔이 나보다 먼저
취해 큰소리치네.
더 슬프네.

마음 괴로운 날
괴로운 마음 달래려고
술을 마셨더니

괴로움이 나보다 먼저
취해 몸부림치네.
더 괴롭네.

경훈 33

도둑 집에 사는 개

도둑 집에 사는 개
참 딱하다.

인자한 마음으로 행하고
널리 사랑하여 중생을 구제하면
열 가지 복이 있어
그림자처럼 그 몸을 따르리라.
―법구경

주인을 보고
꼬리를 치지도
짖지도 못한다.

그저 눈치만
살핀다.

"에라, 빌어먹을 떠나는 게 낫겠다."

경훈 34

더
길
다

인생은
밥 먹는 시간보다
밥 하는 시간이
더 길고

돈 쓰는 시간보다
돈 버는 시간이
더 길다.

사랑하며 사는 시간보다
미워하며 사는 시간이
더 길고

만족하며 사는 시간보다
후회하며 사는 시간이
더 길다.

경훈 35
시작의 때

구덩이가 깊어지기 시작하는 것은
첫 삽을 들 때부터이고

담이 높아지기 시작하는 것은
첫 돌을 놓을 때부터이다.

길이 가까워지기 시작하는 것은
첫 걸음을 옮길 때부터이고

일이 해결되기 시작하는 것은
그 일에 뛰어들 때부터이다.

경훈 36

소용없다

도깨비 방망이가 있어도
두드리지 않으면 소용없고

요술 감투가 있어도
쓰지 않으면 소용없다.

재능이 있어도
끄집어 내어 쓰지 않으면
소용없고

마음이 있어도
행동으로 옮기지 않으면
아무 소용없다.

경훈
37

기적

기적이란
사과나무에 수박이
열리는 것이 아니다.

사과나무에 수박처럼
큰 사과가 열리는 것이다.

나이 많다고 해서 장로인가,
머리카락이 희다고 해서 장로인가?
그의 나이 헛되이 늙었으니
그는 속이 텅 빈 늙은이일 뿐.
- 법구경

그런데도 사람들은

오늘도 사과나무 밑에 앉아
수박이 열리기를
열심히 기도한다.

경훈 38

돈

돈을 벌려면
돈이 돼라.

돈처럼 인기 있고
돈처럼 귀한 사람이 돼라.

돈을 벌려면
돈이 돼라.

돈처럼 더러운 곳 깨끗한 곳
가리지 않는 사람이 돼라.
잘난 사람 못난 사람
가리지 않는 사람이 돼라.

경훈 39
청소

때 묻은 마음은
땀으로 닦고
지난 잘못은
눈물로 닦자.

어두운 마음은
웃음으로 밝히고

짜증나는 마음은
즐거운 노래로
털어 버리자.

그리고 오늘의 미련과
아쉬움은
내일의 희망으로
지워버리자.

경훈 40

용기

용기란
불과 같은 것.
누구나 쉽게 불을 붙일 수는 있지만
꺼트리지 않고
오래 간직하기란
쉽지 않다.
정말 어렵다.

지루한 장마 개자 벗이 찾아와
하루 해 어느덧 이야기로 저물었네.
대붕 새 짝한 이가 높은 하늘 걱정하며
바닷물 마신 이가 깊은 물 탓하랴.
-석정 역

〈종이거울 자주보기〉 운동을 시작하며

유·리·거·울·은·내·몸·을·비·춰·주·고
종·이·거·울·은·내·마·음·을·비·춰·준·다

　〈종이거울 자주보기〉는 우리 국민 모두가 한 달에 책 한 권 이상 읽기를 목표로 정한 새로운 범국민 독서운동입니다.
　국민 각자의 책읽기를 통해 우리 나라가 정신적으로도 선진국이 되고 모범국가가 되어 인류 사회의 평화와 발전에 기여하기를 바라는 마음으로 이 운동을 펼쳐 가고자 합니다.
　인간의 성숙 없이는 그 어떠한 행복이나 평화도 기대할 수 없고 이루어지지 않는다는 엄연한 사실을 깨닫고, 오직 개개인의 자각을 통한 성숙만이 인류의 희망이고 행복을 이루는 길이라는 것을 믿기 때문입니다.
　이에, 우선 우리 전 국민의 책읽기로 국민 각자의 자각과 성숙을 이루고자 〈종이거울 자주보기〉 운동을 시작합니다.
　이 글을 대하는 분들께서는 저희들의 이 뜻이 안으로는 자신을 위하고 크게는 나라와 인류를 위하는 일임을 생각하시어, 흔쾌히 동참 동행해 주시기를 간절히 바랍니다.
　감사합니다.

2003년 5월 1일

공동대표 : 조흥식 이시우 황명숙

지도위원

관조성국 나가성타 송암지원 미산현광 방상복(신부) 양운기(신부)
조흥식(성균관대명예교수) 이시우(前서울대교수) 황명숙(한양대명예교수)
강대철(조각가) 권경술(법사) 김광삼(현대불교신문발행인)
김광식(부천대교수) 김규칠(언론인) 김기철(도예가) 김상락(단국대교수)
김석환(하나전기대표) 김성배(미,연방정부공무원) 김세용(도예가)
김숙자(주부) 김영진(변호사) 김영태(동국대명예교수) 김응화(한양대교수)
김재영(동방대교수) 김호석(화가) 민희식(한양대명예교수)
박광서(서강대교수) 박범훈(작곡가) 박성근(낙농업) 박성배(미,뉴욕주립대교수)
박세일(서울대교수) 박영재(서강대교수) 박재동(에니매이션 감독)
서명원(신부) 서혜경(전주대교수) 성재모(강원대교수)
소광섭(서울대교수) 손진책(연출가) 송영식(변호사) 신규탁(연세대교수)
신송심(주부) 신희섭(KIST학습기억현상연구단장) 안상수(홍익대교수)
안숙선(판소리명창) 안장헌(사진작가) 유재근(연심회주)
윤용숙(여성문제연구회장) 이각범(한국정보통신대교수) 이규경(화가)
이규택(경서원대표) 이근후(의사) 이상우(굿데이신문회장) 이윤호(경기대교수)
이인자(경기대교수) 이일훈(건축가) 이재운(소설가)
이중표(전남대교수) 이택주(한택식물원장) 이호신(화가) 임현담(히말라야순례자)
정웅표(서예가) 한승조(고려대명예교수) 황보상(의사) - 가나다순 -

〈종이거울 자주보기〉 운동본부
(전화) 031-676-8700 / (전송) 031-676-8704 /
(E-mail) cigw0923@hanmail.net

〈종이거울 자주보기〉 운동의 회원이 되려면,

● 먼저 〈종이거울 자주보기〉 운동 가입신청서를 제출합니다.
● 매월 회비 10,000원을 냅니다.(1년 또는 몇 달 분을 한꺼번에 내셔도 됩니다.)
  국민은행 245-01-0039-101 (예금주 : 김인현)
● 때때로 특별회비를 냅니다. 자신이나 집안의 경사 및 기념일을 맞아 희사금을 내시면, 그 돈으로 책을 구하기 어려운 특별한 분들에게 책을 증정하여 〈종이거울 자주보기〉 운동을 폭넓게 펼쳐 갑니다.

〈종이거울 자주보기〉 운동의 회원이 되면,

① 회원은 매월 책 한 권 이상 읽습니다.
② 매월 책값(회비)에 관계없이 좋은 책 한 권씩을 귀댁으로 보냅니다.
   (회원은 그 달에 읽을 책을 집에서 받게 됨)
③ 저자의 출판기념 강연회와 사인회에 초대합니다.
④ 지인이나 친지 또는 특정한 곳에 동종의 책을 10권 이상 구입하여 보낼 경우 특전을 받습니다.

   ★ 평소 선물할 일이 있으면 가급적 책으로 하고, 이웃이나 친지들에게도 책 선물을 적극 권합니다.

⑤ 〈도서출판 종이거울〉 및 유관기관이 주최·주관하는 문화행사에 초대합니다.
⑥ 책을 구하기 어려운 곳에 자주, 기쁜 마음으로 책을 증정합니다.
⑦ 〈종이거울 자주보기〉 운동의 홍보위원을 자담합니다.
⑧ 집의 벽, 한 면은 책으로 장엄합니다.

〈종이거울 자주보기〉 운동 동참회원 명단

2003년 12월 6일

구자원 박춘우 정영래 유경순 서상철 이시우 김동구 이상원 이호신 홍성숙
이동우 곽영재 박호용 김명환 박성근 황보상 조홍식 신송심 이원무 송암지원
송행복 이상옥 박영숙 박원자 김숙자 유정한 이삼순 김대현 홍진호 김삭순
오기성 윤채원 정순연 이상필 김동우 임정미 최영애 오정순 조귀자 이천우
이길임 김정애 김준회 황보현 조경옥 정정례 박순복 김태련 한점숙 이동섭
안세호 박성근 최윤정 이재운 김정현 최혜순 박경련 최정숙 김영수 이태봉
이숙영 홍겸표 박종린 조옥동 김시순 홍창의 신동환 이재춘 정연박 한정선
김향숙 조미래 김영애 김국이 박상희 미카엘 서수복 이정원 이증우 박재동
김재영 이근후 정웅표 김영태 박범훈 윤용숙 안장헌 방상복 송영식 이택주
신희섭 김기철 강대철 김성배 이일훈 김세용 김영진 임현담 안상수 박광서
박성배 안숙선 이각범 유재근 한승조 서혜경 민희식 이인자 황명숙 손진책
박세일 모주영 서수덕 김정희 김규복 신복균 김규태 전경숙 이중표 태순덕
대   인 김민기 안영재 강혜자 정옥현 이상우 권경희 이선희 김미나 최성중
조문래 김남명 이창석 조미란 김창자 수   진 황정자 박정숙 오혜심 진   화
최병찬 김해리 김미정 이광선 류보영 우길랑 이인복 박증숙 김영숙 나가성타
소광섭 미산현광 최금재 김광삼 박정희 김영매 남지현 유숙이 황용식 신경선
김현선 최혜윤 남승희 양윤기 윤춘자 전승일 정현숙 지   한 혜   윤 백영숙
양윤희 김현옥 유은이 김상락 김호석 김광식 김응화 이정숙 김영순 관조성국
김규칠 김석환 이규택 권경술 이규경 유시혁 서명원 박영재 성재모
황   엽 신규탁 현   몽 이윤호 자인행 정연춘 - 회원 가입 순 -

이 분들의 뜻이 모여 전 국민이 매월 책 1권 이상 읽는 〈종이거울 자주보기〉
운동의 목표가 이루어질 것입니다.